II

40 JAHRE IN DER KIRCHE UND *Gott* NICHT ERKENNEN

Philip Guenaga

Der Inhalt dieses Werkes, einschließlich, aber nicht beschränkt auf die Genauigkeit der dargestellten Ereignisse, Personen und Orte; geäußerte Meinungen; Erlaubnis zur Verwendung zuvor veröffentlichter Materialien und jeglicher Ratschläge oder empfohlenen Handlungen, liegt ausschließlich in der Verantwortung des Autors, der die gesamte Haftung für das genannte Werk übernimmt und den Verlag gegen jegliche Ansprüche aus der Veröffentlichung des Werkes entschädigt.

Alle Rechte vorbehalten
Copyright © 2020 von Philip Guenaga

Kein Teil dieses Buches darf ohne schriftliche Genehmigung des Verlags reproduziert, übertragen, heruntergeladen, verbreitet, zurückentwickelt oder in irgendein Informationsspeicher- und -abrufsystem in irgendeiner Form oder auf irgendeine Weise eingeführt oder gespeichert werden, einschließlich Fotokopieren und Aufzeichnen, ob elektronisch oder mechanisch, jetzt bekannt oder später erfunden.

BRIMINGSTONE PRESS
WWW.BRIMINGSTONE.PRESS
5301 Alpha Rd, Suite 80 #200, Dallas, TX 75240

ISBN: 978-1-953562-08-1

DANKSAGUNG

Ich habe Philip Guenaga vor einigen Jahren in einem Fitnessstudio kennengelernt, das wir beide regelmäßig besuchten. Wir hatten viele Gemeinsamkeiten, wenn es um Gespräche über Gott ging. Schnell wurden wir wie Bruder und Schwester, wobei wir uns nicht immer einig waren. Doch diese Gespräche waren anders – sie waren anregend und interessant. Wir teilten unsere Perspektiven zu verschiedenen Themen und setzten manchmal am nächsten Tag fort, wo wir aufgehört hatten. Von diesem Zeitpunkt an war mir klar, wie leidenschaftlich Philip über das Wort Gottes war, das wir diskutierten, und wir begannen darüber nachzudenken, dass er ein Buch schreiben sollte. Jedes Mal, wenn wir darüber sprachen, gab er mir eine schwere Zeit. Er brachte viele Ausreden vor, warum er nicht schreiben konnte und warum er sich nicht sicher war, ob er schreiben sollte, und so weiter. Heute bin ich stolz sagen zu können, dass ich begeistert bin, dass er das Buch, das Sie gleich lesen werden, fertiggestellt hat, und dass Sie Erkenntnisse gewinnen werden, die Sie vielleicht noch nicht erfahren haben.

Dr. Precious Taylor

VORWORT

Ich möchte ein Wort über dieses Buch und den Autor hinzufügen. Ich kenne Philip Guenaga seit 34 Jahren. Dieses Buch ist erstens ein Akt der Liebe und zweitens ein wahres Verständnis des Wortes Gottes. Philip liebt den Herrn über menschliches Verständnis hinaus. Dieses Buch ist denen gewidmet, die eine echte Beziehung mit dem Geber des Lebens, Jesus Christus, suchen.

Als junger Mann hatte Philip eine Erfahrung mit Gott, die ihn durch schwierige Zeiten getragen hat. Er hat diese Erfahrung nie vergessen, egal wo er war. Als Philip 1986 nach Rolla, Missouri kam und die Kirche besuchte, die ich leitete, sah ich sofort seine Hingabe. In den nächsten 2½ Jahren war er ein großer Segen für unsere Kirche.

Ich glaube, ich kann mit Zuversicht sagen, dass dieses Buch ein Segen für Sie sein wird. Öffnen Sie Ihr Herz, während Sie dieses Buch lesen, und lassen Sie Gott zu Ihnen sprechen.

Pastor Larry Thornhill

VIII

INHALTSVERZEICHNIS

DANKSAGUNG V
VORWORT VII
INHALTSVERZEICHNIS IX
Einführung XI
Der wahre Name von Adam und Eva 3
Das wahre Abbild Gottes 5
Die Schuld der Frau geben............................... 9
Kinder im Garten Eden 12
Hiobs Kinder wurden nicht getötet 19
Zeichen der Rückkehr von Jesus Christus 23
Der Plan des Heils... 33
Mein persönliches Zeugnis 39
Persönlicher Dank.. 43
Bonus 44

X

Einführung

Lassen Sie mich damit beginnen, dass es einen großen Unterschied gibt zwischen Gott kennen und über Gott Bescheid wissen. Die meisten Menschen (insbesondere religiöse Menschen) wissen über Gott Bescheid, aber nur sehr wenige kennen ihn wirklich.

Ich wurde von einer sehr religiösen Mutter erzogen. Unter der katholischen Religion wurde ich gezwungen, meine erste Kommunion zu machen, und danach besaß meine Mutter zum ersten Mal eine Bibel. Sie begann, sie zu lesen und war nicht glücklich mit dem, was sie las, weil es nicht mit dem übereinstimmte, was sie gelehrt wurde. Von diesem Zeitpunkt an schleppte meine Mutter mich und meine Geschwister durch alle möglichen Religionen, bis sie auf die apostolische Lehre stieß und sich zu diesem Glauben bekehrte, weil sie meinte, dass es die Lehre sei, die der Bibel am nächsten kam. Egal wohin sie uns mitnahm, die Bibelgeschichten änderten sich nie, es war nur der "Heilsplan", der sich von Kirche zu Kirche oder Religion zu Religion änderte. Einige glaubten, dass man getauft werden musste, während andere dem widersprachen, andere glaubten nicht, dass das Sprechen in Zungen notwendig sei, während andere sagten, dass man ohne es nicht gerettet werden könne.

Der Hauptzweck, warum ich dieses Buch schreibe, ist, Sie hoffentlich dazu zu bringen, die Bibel selbst zu lesen. Ich werde Ihnen beweisen, wie wenig Sie Gott wirklich kennen, unabhängig von Ihrem Bildungsstand in Bezug auf die Schrift.

40 JAHRE IN DER KIRCHE UND *Gott* NICHT ERKENNEN

Philip Guenaga

Der wahre Name von Adam und Eva

Lassen Sie uns mit etwas Einfachem beginnen. Jede Religion, die ich besucht habe, sagt dasselbe: Der NAME des ersten Mannes und der ersten Frau ist Adam und Eva. Wenn Sie diese Frage in Ihrer Kirche stellen, wird niemand widersprechen. Es gibt nur ein Problem: Die Bibel widerspricht dem. In 1. Mose 5:2 heißt es: "Männlich und weiblich schuf er sie; und er segnete sie und nannte ihren Namen Adam, am Tag, als sie geschaffen wurden."

Das Wort Gottes sagt uns, dass er sie beide Adam nannte. Eva ist der Name, den der Mann der Frau gab, nicht Gott, und der Mann nannte sie zuerst Frau, bevor er ihren Namen in Eva änderte. Ja, ich weiß, dass die Bibel oft von Adam und Eva spricht, aber das ist etwas, was der Mensch angefangen hat, nicht Gott. In Gottes vollkommenem Willen wären sie immer Adam geblieben. Wenn sich Dinge geändert haben, dann, weil der Mensch die Änderungen vorgenommen hat, nicht Gott.

Das wahre Abbild Gottes

Was zu einer weiteren Frage führt: Wenn Gott den Menschen (Adam) nach seinem Bild erschuf, auf wen bezog er sich? Auf den Mann oder die Frau? Beide wurden Adam genannt und vor dem Sündenfall waren sie beide in Gottes Augen gleich. 1. Mose 1:27: "Und Gott schuf den Menschen nach seinem Bild, nach dem Bilde Gottes schuf er ihn; männlich und weiblich schuf er sie."

Wir können das Ende dieser Schriftstelle nicht ignorieren; sie wurden beide nach seinem Bild erschaffen, doch Gott hat, sozusagen, keinen Körper. Ich ging vor den Herrn, und so verlief das Gespräch:

Ich: Herr, wer ist das Abbild? Der Mann und die Frau sind unterschiedliche Abbilder.

Herr: Was sind die Attribute einer Frau?

Ich: Für mich, Herr, sind die Attribute einer Frau Liebe, Langmut, Geduld, Fürsorge, um nur einige zu nennen.

Herr: Was sind die Attribute eines Mannes?

Ich: Für mich, Herr, sind die Attribute eines Mannes Gesetz, Ordnung, Disziplin, Korrektur, um nur einige zu nennen.

Herr: Ich bin all das, daher wird der Mensch nur in der Ehe zu meinem Abbild.

Nun kann man darüber debattieren, dass ich zu meinem eigenen Verständnis komme und dass die Schriften nicht genau so geschrieben sind, was stimmt, aber können Sie Schriften finden, die widerlegen, was ich gerade geschrieben habe? Oder besser gesagt, bringt dieses Gespräch andere Schriften ans Licht?
Zum Beispiel 1. Mose 2:24: "Darum wird ein Mann seinen Vater und seine Mutter verlassen und seiner Frau anhangen, und sie werden ein Fleisch sein."

Glauben Sie wirklich, dass wir buchstäblich ein Fleisch werden? Nein, aber unter Verwendung von Gottes Verständnis bezieht er sich auf sein Abbild.

Ein weiterer Punkt über das Abbild Gottes: Sie denken vielleicht, dass es nicht so wichtig ist, aber wenn Sie das tun, irren Sie sich, das Abbild Gottes ist eine der mächtigsten Kräfte hier auf Erden. Denken Sie an die Geschichte in Matthäus 8:28-34, es spricht von diesen zwei Besessenen, die herauskamen und ihn als den Sohn Gottes erkannten, obwohl Jesus nicht einmal den Mund geöffnet hatte, und sie hatten Angst vor dem Herrn. Lassen Sie mich es einfach verständlich machen: Wie oft sind Sie die Straße entlang gefahren und haben ein Polizeiauto oder einen Streifenwagen gesehen und sofort die Bremse getreten, obwohl Sie nicht einmal zu schnell gefahren sind? Es ist der Respekt vor dem Abbild und der Autorität, die dieses Abbild mit sich bringt, der uns reagieren lässt. Verheiratete Paare sollten verstehen, dass sie auch in der geistlichen Welt diese Art von Respekt und Macht haben, und dass die Teufel Angst vor Ihnen haben und Sie respektieren sollten, wenn sie Sie kommen sehen. Matthäus 18:19: "Wiederum sage ich euch: Wenn zwei von euch auf Erden übereinkommen, irgend etwas zu erbitten, so wird es ihnen werden von meinem Vater im Himmel." Das ist der Grund, warum Satan immer versucht, Ehen zu zerstören; er fürchtet sich vor der Macht, die das Abbild hat. Wenn verheiratete Paare (Mann und Frau) sich wirklich lieben und gemeinsam einig sind, wäre Gott durch sein Wort gebunden und die Teufel würden zittern.

Die Schuld der Frau geben

In diesem Kapitel werde ich erklären, wie der Mann der Frau die Schuld am Sündenfall gegeben hat. So weit ich zurückdenken kann, hat der Mann immer der Frau die Schuld für das Geschehen im Garten Eden gegeben. Ich bin hier, um Ihnen zu sagen, dass es nie ihre Schuld war; es war ganz Adams Schuld. Lassen Sie uns Gen 2,15-17 genau betrachten. Wir lesen, dass Gott den Mann in den Garten setzte und ihm Anweisungen gab, nicht vom Baum der Erkenntnis des Guten und Bösen zu essen, und wir werden auch herausfinden, dass die Frau erst in Gen 2,18-23 erschaffen wurde. Es gibt etwas, dem wir in Gen 2,17 genau Aufmerksamkeit schenken müssen: Gott sagte Adam nic, dass er die Frucht oder den Baum nicht berühren dürfe; er sagte nur, dass er nicht davon essen dürfe. Warum also sagt Eva der Schlange in Gen 3,3, dass Gott gesagt habe, sie dürften es nicht berühren? Gott sagte das nie zu Adam, und Eva war nicht bei diesem Gespräch dabei, was bedeutet, dass Adam Eva die Informationen, die Gott gegeben hatte, übermittelt hat. Also änderte Adam das, was Gott gesagt hatte, indem er hinzufügte, dass sie es auch nicht berühren dürften. Im Grunde hat Adam gelogen. Ist es möglich, dass Satan hier eine Gelegenheit fand, die Frau anzugreifen, da ihr falsche Informationen gegeben wurden? Gott gab dem Mann Anweisungen, nicht der Frau. Als die Frau die Frucht berührte, geschah nichts, und als sie davon aß, geschah ebenfalls nichts. Die Anweisungen waren nie für sie, sondern nur für Adam. Als er davon aß, wurden ihre Augen geöffnet. Das Letzte, was ich tun möchte, ist, den Teufel zu verteidigen, aber hat er wirklich gelogen, als er Eva sagte, sie würde nicht sterben? Tatsächlich war es Adam, der die Lüge erzählte. Ich glaube, wenn Adam die Frucht nie gegessen hätte, als Eva davon aß, wären sie beide nie gestorben. Ich glaube, Gott bestrafte Eva, weil sie es zugelassen hatte, dass der Teufel sie als Werkzeug benutzte, um Adam dazu zu bringen, die Frucht zu essen.

Eine kurze Anmerkung: Der Herr sagte Adam, dass er an dem Tag, an dem er die Frucht essen würde, sterben würde. Viele haben Schwierigkeiten, das zu verstehen, weil Adam 930 Jahre alt wurde. Ich werde Ihnen erklären, wie Gott niemals irrt: 2 Pet 3,8 sagt, dass ein Tag beim Herrn wie tausend Jahre ist und tausend Jahre wie ein Tag. Adam lebte also nie einen vollen Tag (tausend Jahre) und starb an diesem selben Tag.

Kinder im Garten Eden

Da wir uns im Buch Genesis befinden, wollen wir etwas besprechen, was in allen Kirchen gelehrt wird. Angeblich hatten Adam und Eva im Garten Eden keine Kinder. Lassen Sie uns genau darauf achten, was die Schriften sagen.

Punkt #1:

Genesis 1:28: "Und Gott segnete sie und sprach zu ihnen: Seid fruchtbar und mehret euch und füllet die Erde und machet sie euch untertan; und herrscht über die Fische im Meer und über die Vögel unter dem Himmel und über alles Getier, das auf Erden kriecht."

Ich muss glauben, dass Adam und Eva wussten, wie man fruchtbar ist, sonst hätte Gott ihnen kein Gebot gegeben, das sie nicht verstanden hätten.

Wir wissen nicht, wie lange sie im Garten waren, bevor sie hinausgeworfen wurden; die Bibel sagt es nicht.

Punkt #2:

Genesis 3:16: "Und zu der Frau sprach er: Ich will dir viel Mühsal schaffen, wenn du schwanger wirst; unter Mühen sollst du Kinder gebären, und dein Verlangen soll nach deinem Mann sein, aber er soll dein Herr sein."

Als sie fielen, bestrafte Gott Eva, indem er ihr sagte, dass ihre Wehen stark zunehmen würden. Sie musste den Unterschied kennen; wenn sie nie zuvor geboren hätte, wie hätte sie wissen sollen, was sie verloren hat, was bedeutet, dass sie zuvor ohne so viel Schmerz geboren hatte. Wie oft wissen wir nicht, wie gesagt, wir wissen nicht, wie lange sie im Garten waren, bevor sie hinausgeworfen wurden, ganz zu schweigen davon, dass Gott sie perfekt gemacht hatte, sodass sie keine Probleme gehabt hätte, schwanger zu werden.

Punkt #3:

Genesis 3:20. "Und Adam nannte seine Frau Eva, weil sie die Mutter aller Lebendigen ist."

Adam änderte ihren Namen von Frau zu Eva, als sie hinausgeworfen wurden, wegen all der Kinder, die sie hatte, und die einzige Möglichkeit, Mutter zu sein, besteht darin, ein Kind zu gebären.

Punkt #4:

Genesis 4:14: "Siehe, du vertreibst mich heute vom Acker, und ich muss mich vor deinem Angesicht verbergen und muss unstet und flüchtig sein auf Erden. So wird mir es gehen, dass mich totschlägt, wer mich findet."

Nachdem Kain seinen Bruder getötet hatte und Gott ihn verfluchte, hatte Kain Angst, dass andere ihn töten würden. Wer würde ihn töten, wenn er das einzige Kind auf Erden wäre?

Punkt #5:

Genesis 4:17: "Und Kain erkannte sein Weib, und sie ward schwanger und gebar Henoch. Und er baute eine Stadt und nannte die Stadt nach seines Sohnes Namen Henoch."

Kain hatte eine Frau, woher kam sie? Können wir wirklich sagen, dass Adam und Eva im Garten Eden keine Kinder hatten, wenn all diese Schriften etwas anderes sagen?

Punkt #6:

Ein letzter Punkt, in Genesis 5:3 heißt es, dass Adam 130 Jahre alt war, als er Set zeugte. Kann mir jemand erklären, warum es Adam 130 Jahre dauerte, nur 3 Kinder zu bekommen? Ich wurde 1960 geboren, meine Eltern waren etwa 18 Jahre verheiratet, bevor sie sich scheiden ließen, und sie hatten 8 Kinder. 130 Jahre und nur 3 Kinder, das kann nicht stimmen, und denken Sie daran, Gott gab ihnen das Gebot, fruchtbar zu sein und die Erde zu füllen.

Ich hoffe, dass Sie jetzt verstehen, warum ich versuche, jeden zu provozieren, die Bibel selbst zu lesen. Man kann sich nicht auf jemanden verlassen, der behauptet, ein Minister zu sein, wenn er selbst nicht das Wort Gottes studiert und nur Studien weitergibt, die er selbst nie recherchiert hat. Und selbst wenn man recherchiert, muss man immer noch zum Autor (Gott) gehen, um herauszufinden, ob man wirklich das volle Verständnis hat. Es ist gut, dass Gott immer noch da ist und um Hilfe gebeten werden kann.

Wenn ich weitermache, werden die Dinge herausfordernder, aber ich werde mein Bestes versuchen, mit der Hilfe unseres Herrn Jesus Christus, es einfach zu verstehen.

Ich habe bereits einige meiner Bibelverständnisse mit Bibelgelehrten geteilt, und ihre Antwort ist, dass es wirklich nicht wichtig ist, ob man glaubt, ob

Adam und Eva im Garten Kinder hatten oder nicht, es sei nicht so wichtig. Wie traurig, also lassen Sie uns Geschichten erfinden, wenn wir das Wort Gottes der Welt lehren, solange es den Erlösungsplan nicht beeinträchtigt, und ignorieren Sie die Schriften, die in Matthäus 5:18 sagen: "Denn wahrlich, ich sage euch: Bis Himmel und Erde vergehen, wird nicht der kleinste Buchstabe noch ein Tüpfelchen vom Gesetz vergehen, bis alles geschehen ist."

Alles, was in der Bibel geschrieben steht, dient zur Erbauung; nur weil man nicht das volle Verständnis hat, gibt einem nicht das Recht, es zu mindern. Jetzt weiß ich, woher der Weihnachtsmann kommt, der gleiche Ort, von dem der Osterhase stammt. Schließlich, was schadet es, in der Kirche Lügen zu erzählen, wenn die Geschichten niedlich und harmlos sind? Fangen Sie an zu verstehen, warum es so viele Religionen in der Welt gibt?

Epheser 4:5: "Ein Herr, ein Glaube, eine Taufe", auch Epheser 4:14: "Damit wir nicht mehr unmündige Kinder seien und uns von jedem Wind einer Lehre bewegen und umhertreiben lassen durch trügerisches Spiel der Menschen, mit dem sie uns arglistig verführen."

Hiobs Kinder wurden nicht getötet

Dieser nächste Punkt wird viele Prediger wirklich provozieren, da sie sich weigern werden zu glauben, dass sie diese Geschichte falsch gelehrt und gepredigt haben. Die Geschichte von Hiob, jeder glaubt, dass Gott dem Satan erlaubt hat, Hiobs Kinder zu töten. Die Wahrheit ist, dass Hiobs Kinder nie getötet wurden. Ich werde euch in die ursprünglichen hebräischen Schriften führen, um dies zu verstehen. Ich weiß nicht, warum der Übersetzer dies so gemacht hat, aber hier liegt das Problem. Wenn wir die Geschichte von Hiob lesen und beginnen zu lesen, wie er begann, seine Besitztümer zu verlieren, müssen wir auf das Wort "Diener" genau achten.

Dies sind die beiden Arten von hebräischen Wörtern und Definitionen des Wortes Diener:

(1) „eh'-bed", ein Diener: - X Knechtschaft, Knecht, [Knechts-] Diener, (Mann-) Diener.

(2) „nah'-ar", vom Säuglingsalter bis zur Adoleszenz; implizit ein Diener; auch (durch Austausch des Geschlechts) ein Mädchen (von ähnlichem Alter): - Säugling, Junge, Kind, Jungfrau [vom Rand], Knabe, Diener, junger (Mann).

Hiob 1:8: „Und der HERR sprach zu Satan: Hast du meinen Diener (eh'-bed) Hiob beachtet? Denn es gibt keinen wie ihn auf Erden, einen vollkommenen und aufrichtigen Mann, der Gott fürchtet und das Böse meidet."

Hiob 1:15: „Da fielen die Sabäer über sie her und nahmen sie weg; ja, sie haben die Diener (nah'-ar) mit dem Schwert erschlagen; und ich bin allein entkommen, um es dir zu sagen."

Hiob 1:16: „Während dieser noch redete, kam ein anderer und sagte: Das Feuer Gottes ist vom Himmel gefallen und hat die Schafe und die Diener (nah'-ar) verbrannt und verzehrt; und ich bin allein entkommen, um es dir zu sagen."

Hiob 1:17: „Während dieser noch redete, kam ein anderer und sagte: Die Chaldäer haben drei Banden gemacht, sind über die Kamele hergefallen und haben sie weggeführt; ja, sie haben die Diener (nah'-ar) mit dem Schwert erschlagen; und ich bin allein entkommen, um es dir zu sagen."

Hiob 1:18: „Während dieser noch redete, kam ein anderer und sagte: Deine Söhne und deine Töchter aßen und tranken Wein im Haus ihres ältesten Bruders."

Hiob 1:19: „Und siehe, es kam ein großer Wind aus der Wüste und stieß an die vier Ecken des Hauses, und es fiel auf die jungen Männer (nah'-ar), und sie sind tot; und ich bin allein entkommen, um es dir zu sagen."

In Hiob 1:8 bezieht sich das Wort Diener auf „eh'-bed", was Knecht bedeutet. Aber wenn man in die Geschichte eintritt, wo die Diener zu Hiob kommen und ihm von den Unglücksfällen erzählen, Hiob 1:15-19, jedes Mal, wenn man das Wort Diener sieht, ist es die „nah'-ar" Übersetzung, die sich auf ein Kind und nicht auf einen Knecht bezieht. Hier macht der Übersetzer einen sehr schweren Fehler. In Hiob 1:19, wo geschrieben steht „und es fiel auf die jungen Männer" oder auf Hebräisch „nah'-ar", warum wählte der Übersetzer eine andere Übersetzung, als er mit „Diener" (nah'-ar) anfing? Warum nicht Säugling, Junge, Kind, Jungfrau? Sie alle sind richtige Übersetzungen, aber weil er ein anderes Wort verwendete, denken alle, die lesen, an etwas anderes, obwohl es nicht so ist. Wenn der Übersetzer mit „jungen Männern" angefangen und mit „jungen Männern" geendet hätte, hätte niemand gedacht, dass er sich auf Hiobs Kinder bezieht. Aber da er mit „Diener" begann, hätte er mit „Diener" enden sollen und nicht mit „jungen Männern".

Ganz zu schweigen davon, dass Hiobs Kinder alle Erwachsene waren, die Bibel sagt, dass sie alle Wein tranken, Kinder trinken keinen Wein und alle Hiobs Diener waren vom Säuglingsalter bis zur Adoleszenz. Ein weiterer Punkt ist, wenn Hiobs Kinder getötet worden wären, warum war Hiobs Frau damit einverstanden? Sie schien es nicht zu stören, bis Satan Hiobs Körper berührte und dann verlor sie die Fassung und sagte Hiob, er solle Gott verfluchen und sterben. Ich vermute, sie kümmerte sich mehr um Hiobs Körper als um ihre eigenen Kinder.

Zeichen der Rückkehr von Jesus Christus

Das nächste Thema, das ich in Angriff nehmen werde, wird das anspruchsvollste sein. Es wird viele Schriftstellen erfordern, was gut ist, da es dadurch umso solider und bestätigter wird. Es wird sich mit dem Kommen unseres Herrn Jesus Christus beschäftigen. Ich möchte jedoch darauf hinweisen, dass manche bereits glauben, wie ich es tue, während andere völlig dagegen sind. Die meisten Menschen glauben, dass die Siegel, die im Buch der Offenbarung geschrieben stehen, noch nicht geöffnet sind und dass sie erst nach der Entrückung der Kirche geöffnet werden. Ich werde beweisen, dass bis jetzt bereits fünf Siegel geöffnet wurden. Wir müssen zum Buch Matthäus 24:3-35 oder Markus 13:3-37 gehen, je nach Wahl. Ich bevorzuge Matthäus. Gleichzeitig sollten Sie Ihre Bibel zu den Kapiteln 6 und 7 der Offenbarung

öffnen. Es ist am besten, wenn Sie zwei Bibeln zur Verfügung haben, da es einfacher ist, zwischen Matthäus (Markus) und der Offenbarung hin und her zu springen, um die Vergleiche anzustellen, die ich aufzeigen werde.
Der erste Punkt, den wir anerkennen müssen, ist, dass die Apostel in Matthäus 24:3 wissen wollten, welche Zeichen auf sein Kommen hinweisen und wann das Ende der Welt sein wird. Sie fragen dies Jesus und der Herr beginnt ihnen zu erzählen, welche Zeichen zu beachten sind. Von hier an müssen wir akzeptieren, dass alles, was Jesus ihnen sagt, sich auf die Zeichen seiner Rückkehr und das Ende der Welt bezieht. Matthäus 24:4 Und Jesus antwortete und sprach zu ihnen: Seht zu, dass euch niemand verführe.

Matthäus 24:5 Denn es werden viele kommen unter meinem Namen und sagen: Ich bin Christus! und sie werden viele verführen. Nun lasst uns zu Offenbarung 6:2 gehen: Und ich sah, und siehe, ein weißes Pferd, und der darauf saß, hatte einen Bogen, und ihm wurde eine Krone gegeben, und er zog aus, siegend und um zu siegen. Für diejenigen unter Ihnen, die es nicht wissen, unser Herr kommt auf einem weißen Pferd und trägt viele Kronen (Offenbarung 19:11-16). Wie Sie sehen können, erweckt die Person, die im ersten Siegel erwähnt wird, den Eindruck eines Typs von Christus. Die allererste Sünde wurde begangen, als Satan Gottes Wort nahm und sie verdrehte, um Eva im Garten zu täuschen, und Satan tut dies seitdem. Er versuchte sogar, Jesus in der Wüste zu täuschen, indem er versuchte, die Schriften zu verdrehen, um Jesus dazu zu bringen, Steine in Brot zu verwandeln. Dies ist das erste Zeichen, Satan kommt, um zu erobern und zu siegen. Ein weiterer kurzer Punkt ist, dass in 1. Petrus 5:8 Satan wie ein brüllender Löwe ist, aber in Offenbarung 5:5 heißt es, dass Jesus der Löwe ist. Satan versucht immer, Jesus zu imitieren. Es ist der Grund, warum es so viele Religionen gibt, Satans Waffe Nummer eins ist Religion, um die Menschen zu tauschen, dass sie gerettet sind.

Nun, einige Gelehrte mögen meine Interpretation dieses ersten Siegels in Frage stellen, und das ist in Ordnung, denn der Punkt, den ich zu beweisen versuche, ist, dass die ersten fünf Siegel geöffnet sind, unabhängig davon, was sie bedeuten. Ich bin jedoch zuversichtlich, dass ich recht habe.

Ich werde nicht versuchen, eine genaue Interpretation für jedes Siegel zu geben, aber ich werde darauf hinweisen, dass jedes Mal, wenn ein Siegel geöffnet wird, Sie bemerken werden, dass wir das, was in den ersten fünf Siegeln geschrieben steht, bereits erlebt haben und erleben.

Zweites Siegel (2. Zeichen) geöffnet Offenbarung 6:3 Und als es das zweite Siegel öffnete, hörte ich das zweite lebendige Wesen sagen: Komm und sieh!

Offenbarung 6:4 Und es zog ein anderes Pferd heraus, das war rot, und dem, der darauf saß, wurde die Macht gegeben, den Frieden von der Erde zu nehmen, und dass sie einander umbringen sollten, und ihm wurde ein großes Schwert gegeben. Wir können dies mit dem vergleichen, was der Herr seinen Jüngern sagte Matthäus 24:6 Ihr werdet hören von Kriegen und Kriegsgeschrei; seht zu, erschreckt nicht! Das muss so geschehen, aber es ist noch nicht das Ende.

Weiter zum dritten Siegel (3. Zeichen), Offenbarung 6:5 Und als es das dritte Siegel öffnete, hörte ich das dritte lebendige Wesen sagen: Komm und sieh! Und ich sah, und siehe, ein schwarzes Pferd, und der darauf saß, hatte eine Waage in seiner Hand.

Offenbarung 6:6 Und ich hörte eine Stimme inmitten der vier lebendigen Wesen sagen: Ein Maß Weizen für einen Denar und drei Maß Gerste für einen Denar; und das Öl und den Wein schädige nicht! Dieses Siegel spricht von Hungersnöten, und in Matthäus 24:7 spricht der Herr ebenfalls von Hungersnöten als Zeichen.

Als nächstes, viertes Siegel (4. Zeichen), Offenbarung 6:7 Und als es das vierte Siegel öffnete, hörte ich die Stimme des vierten lebendigen Wesens sagen: Komm und sieh!

Offenbarung 6:8 Und ich sah, und siehe, ein fahles Pferd, und der darauf saß, hieß Tod, und die Hölle folgte ihm nach. Und ihnen wurde Macht gegeben über den vierten Teil der Erde, zu töten mit Schwert, und mit Hunger, und mit Pest, und durch die Tiere der Erde. Dieses Siegel klingt sehr nach dem, was der Herr den Jüngern in Matthäus 24:7 sagt.

Nun zum fünften Siegel (5. Zeichen), Offenbarung 6:9 Und als es das fünfte Siegel öffnete, sah ich unter dem Altar die Seelen derer, die umgebracht worden waren um des Wortes Gottes und um des Zeugnisses willen, das sie hatten.

Offenbarung 6:10 Und sie riefen mit lauter Stimme: Wie lange, heiliger und wahrhaftiger Herr, richtest du nicht und rächst nicht unser Blut an denen, die auf der Erde wohnen?

Offenbarung 6:11 Und es wurde ihnen einem jeden ein weißes Gewand gegeben, und es wurde ihnen gesagt, dass sie noch eine kleine Weile ruhen sollten, bis auch ihre Mitknechte und Brüder vollendet wären, die wie sie getötet werden sollten. Achten Sie genau darauf, was der Herr seinen Jüngern als nächstes sagt, Matthäus 24:9 Dann werden sie euch der Bedrängnis preisgeben und euch töten, und ihr werdet gehasst werden um meines Namens willen von allen Völkern. Kann wirklich jemand leugnen, dass diese Siegel noch geschlossen sind? Wir sind Zeugen, dass diese Aktivitäten bis heute geschehen. Die Bibelgeschichte zeigt, dass alle diese Zeichen in der richtigen Reihenfolge geschehen sind. Das nächste Siegel (6.) ist noch geschlossen und ist eine ganz eigene Studie. Viele werden mir nicht zustimmen, falls sie es nicht schon getan haben, aber ich werde mein Bestes tun, um meinen Herrn Jesus Christus nicht zu beschämen.

Im 6. Siegel beginnen schreckliche Dinge zu passieren, die wir noch nicht gesehen haben.

Offenbarung 6:12 Und ich sah, als es das sechste Siegel öffnete, und siehe, es geschah ein großes Erdbeben, und die Sonne wurde schwarz wie ein härener Sack, und der Mond wurde wie Blut;

Offenbarung 6:13 Und die Sterne des Himmels fielen auf die Erde, wie ein Feigenbaum seine unreifen Feigen abwirft, wenn er von starkem Wind geschüttelt wird.

Offenbarung 6:14 Und der Himmel entwich wie eine Buchrolle, die zusammengerollt wird, und alle Berge und Inseln wurden von ihren Plätzen gerückt.

Offenbarung 6:15 Und die Könige der Erde und die Großen und die Reichen und die Heerführer und die Mächtigen und jeder Sklave und jeder Freie verbargen sich in den Höhlen und in den Felsen der Berge.

Offenbarung 6:16 Und sie sprachen zu den Bergen und Felsen: Fallt auf uns und verbergt uns vor dem Angesicht dessen, der auf dem Thron sitzt, und vor dem Zorn des Lammes!

Offenbarung 6:17 Denn der große Tag seines Zorns ist gekommen, und wer kann bestehen?

Nun springen wir zurück zu Matthäus und lesen, was Jesus seinen Jüngern sagt

Matthäus 24:21 Denn es wird dann eine große Bedrängnis sein, wie sie nicht gewesen ist von Anfang der Welt bis jetzt und auch nicht wieder werden wird.

Matthäus 24:22 Und wenn jene Tage nicht verkürzt würden, so würde kein Mensch gerettet werden; aber um der Auserwählten willen sollen jene Tage verkürzt werden.

Matthäus 24:23 Wenn dann jemand zu euch sagen wird: Siehe, hier ist der Christus! oder da!, so glaubt es nicht.

Matthäus 24:24 Denn es werden falsche Christusse und falsche Propheten aufstehen und große

Zeichen und Wunder tun, so dass, wenn es möglich wäre, auch die Auserwählten verführt würden.

Matthäus 24:25 Siehe, ich habe es euch vorhergesagt.

Matthäus 24:26 Wenn sie nun zu euch sagen werden: Siehe, er ist in der Wüste!, so geht nicht hinaus; siehe, er ist in den Gemächern!, so glaubt es nicht!

Matthäus 24:27 Denn wie der Blitz ausgeht vom Osten und bis zum Westen scheint, so wird auch das Kommen des Menschensohnes sein.

Matthäus 24:28 Wo ein Aas ist, da sammeln sich die Geier.

Matthäus 24:29 Sogleich aber nach der Bedrängnis jener Tage wird die Sonne sich verfinstern und der Mond seinen Schein nicht geben, und die Sterne werden vom Himmel fallen und die Kräfte der Himmel erschüttert werden.

Matthäus 24:30 Und dann wird das Zeichen des Menschensohnes am Himmel erscheinen, und dann werden wehklagen alle Stämme der Erde, und sie werden den Menschensohn kommen sehen auf den Wolken des Himmels mit großer Macht und Herrlichkeit.

Matthäus 24:31 Und er wird seine Engel aussenden mit starkem Posaunenschall, und sie werden seine Auserwählten sammeln von den vier Winden, von einem Ende des Himmels bis zum anderen.

Matthäus 24:32 Von dem Feigenbaum aber lernt dieses Gleichnis: Wenn sein Zweig schon saftig wird und die Blätter sprießen, so erkennt ihr, dass der Sommer nahe ist.

Matthäus 24:33 So auch ihr, wenn ihr dies alles seht, so erkennt, dass es nahe vor der Tür ist.

Matthäus 24:34 Wahrlich, ich sage euch: Dieses Geschlecht wird nicht vergehen, bis dies alles geschehen ist.

Matthäus 24:35 Der Himmel und die Erde werden vergehen, aber meine Worte werden nicht vergehen.

Die Bibel zeigt uns, dass Gott in einer 6000-jährigen Zeitachse handelt, 2000 Jahre Patriarchen, 2000 Jahre Gesetz und 2000 Jahre Gnade. Dann kommt das 1000-jährige Reich. Mit diesen Fakten können wir sehen, dass die Zeichen seines Kommens aufgetreten sind und dass wir uns am Ende der 2000 Jahre Gnadenzeit befinden. Die meisten Christen glauben, dass die Zeichen seines Kommens während der großen Bedrängnis auftreten werden, aber ich glaube, die Bibel beweist, dass sie vor der Entrückung auftreten werden.

Deshalb sollten wir als seine Kinder jederzeit bereit sein, unseren Herrn Jesus zu treffen. Gott sei Dank für sein Wort, das unser Licht in der Dunkelheit ist.

Der Plan des Heils

Es gibt nur einen Weg, wie man seinen Namen im Buch des Lebens geschrieben haben kann.

Johannes 3:1 Es war ein Mensch unter den Pharisäern, namens Nikodemus, ein Oberster der Juden.

Johannes 3:2 Der kam zu Jesus bei Nacht und sprach zu ihm: Rabbi, wir wissen, dass du ein Lehrer bist, von Gott gekommen; denn niemand kann diese Zeichen tun, die du tust, es sei denn Gott mit ihm.

Johannes 3:3 Jesus antwortete und sprach zu ihm: Wahrlich, wahrlich, ich sage dir: Es sei denn, dass jemand von neuem geboren werde, so kann er das Reich Gottes nicht sehen.

Johannes 3:4 Nikodemus spricht zu ihm: Wie kann ein Mensch geboren werden, wenn er alt ist? Kann er zum zweiten Mal in seiner Mutter Leib gehen und geboren werden?

Johannes 3:5 Jesus antwortete: Wahrlich, wahrlich, ich sage dir: Es sei denn, dass jemand geboren werde aus Wasser und Geist, so kann er nicht in das Reich Gottes kommen.

Johannes 3:6 Was aus dem Fleisch geboren ist, das ist Fleisch, und was aus dem Geist geboren ist, das ist Geist.

Johannes 3:7 Wundere dich nicht, dass ich dir gesagt habe: Ihr müsst von neuem geboren werden.

Johannes 3:8 Der Wind bläst, wo er will, und du hörst sein Sausen wohl; aber du weißt nicht, woher er kommt und wohin er fährt. So ist jeder, der aus dem Geist geboren ist.

Jesus macht sehr klar, dass es nur einen Weg gibt, ins Reich Gottes zu gelangen, nicht mehrere. Wenn du nach deinem Tod bei ihm wohnen möchtest, musst du aus Wasser und Geist von neuem geboren werden. Der Herr Jesus Christus sagte seinen Jüngern, dass sie hingehen und alle Völker lehren sollten und sie taufen im Namen des Vaters und des Sohnes und des Heiligen Geistes (Matthäus 28:19).

Für diejenigen, die die Taufe durch vollständiges Untertauchen im Wasser praktizieren, ist das ein guter Anfang, aber man wird nur nass, wenn man nicht zuerst seine Sünden bereut hat. Außerdem muss der Diener, der dich tauft, den Namen Jesus Christus anrufen. Ja, Jesus Christus, und nicht Vater, Sohn und Heiliger Geist, denn dies sind Titel und kein Name. Lies die Schrift sorgfältig und du wirst bemerken, dass Jesus sagt, im Namen zu taufen und nicht in den Namen, der Name des Vaters ist Jesus (Johannes 5:43 Ich bin im Namen meines Vaters gekommen, und ihr nehmt mich nicht auf; wenn ein anderer in seinem eigenen Namen kommt, den werdet ihr aufnehmen.), der Name des Sohnes ist Jesus und der Name des Heiligen Geistes ist Jesus (Johannes 14:26 Aber der Tröster, der Heilige Geist, den der Vater senden wird in meinem Namen, der wird euch alles lehren und euch an alles erinnern, was ich euch gesagt habe). Warum beten wir, wenn wir beten, immer im Namen Jesu, aber bei der Taufe sagen viele Vater, Sohn, Heiliger Geist? Es gibt keinen anderen Namen, durch den wir gerettet werden müssen.

Apostelgeschichte 4:12 Und in keinem anderen ist das Heil, denn es ist kein anderer Name unter dem Himmel den Menschen gegeben, in dem wir gerettet werden sollen.

Die Braut nimmt immer den Namen des Bräutigams an. Vater, Sohn und Heiliger Geist sind keine Namen. Und wenn du es nicht bemerkt hast, in der Apostelgeschichte haben alle Apostel im Namen unseres Herrn Jesus Christus getauft.

Als Nächstes geht es um die Wiedergeburt im Geist. Viele verstehen die Schriftstelle Johannes 3:8 nicht. Jesus erklärt, wie der Wind weht und wir ihn hören, und am Ende sagt er: "So ist jeder, der aus dem Geist geboren ist". Ich weiß nicht, wie es dir geht, aber ich kann auch in einem Gebäude sein und nach draußen schauen, um zu sehen, ob der Wind weht, indem ich auf die Bäume und Büsche schaue, und ich kann auch nach draußen gehen und den Wind spüren. Jesus spricht nicht davon, den Wind zu sehen oder zu fühlen. Er spricht davon, den Wind zu hören, es gibt ein Geräusch, das mit dem Pfingsttag übereinstimmt, als alle in Zungen sprachen, als der Heilige Geist auf sie fiel. Apostelgeschichte 2:2 Und plötzlich geschah ein Brausen vom Himmel wie von einem gewaltigen Wind... Wenn du also behauptest, den Heiligen Geist empfangen zu haben, muss es durch das Beweiszeichen des Zungenredens geschehen, weil es gehört werden muss (ein Geräusch), nicht gefühlt oder gesehen. Noch einmal, Jesus sagte: "So ist jeder, der aus dem Geist geboren ist", nicht einige, nicht nur diese Generation oder nur die Apostel oder Jünger... ...JEDER.

Man könnte fragen, wie man den Heiligen Geist empfängt, das ist eigentlich ziemlich einfach. Es ist ein Geschenk von Gott, keine Arbeit erforderlich, kein Fasten oder spezielle Rituale, nur Glauben. Wenn du schon an Gott glaubst, ohne ihn jemals gesehen zu haben, dann hast du schon genug Glauben, um den Heiligen Geist zu empfangen. Sprich einfach in Zungen, wie du vom Herrn geleitet wirst, wenn du in Zungen sprichst und glaubst, dass es der Heilige Geist ist, dann ist es der Heilige Geist. Wenn du glaubst, dass du es vortäuschst, dann täuschst du es vor. Es basiert völlig auf deinem Glauben und niemand anderem. Niemand sollte dich davon überzeugen können, dass Gott nicht existiert, und niemand sollte dich davon überzeugen können, dass du den Heiligen Geist nicht hast, wenn du in Zungen gesprochen hast. Viele werden dich fragen, ob du etwas gefühlt hast, aber Gefühle haben nichts damit zu tun. Ich stehe jeden Morgen auf und spüre selten die Gegenwart des Herrn, bedeutet das, dass er nicht existiert? Dies ist entscheidend in deinem Wandel mit Gott, der einzige Weg, wie du überleben kannst, ist, lernen im Glauben zu wandeln, wenn nicht, wird der Feind dich zerstören. Dies ist einer der, wenn nicht der Hauptgrund, warum wir in die Kirche gehen. Um unseren Glauben zu stärken, du musst nicht in die Kirche gehen, um dir sagen zu lassen, dass du nicht lügen, betrügen, stehlen, usw. sollst. Das solltest du bereits wissen.

Bitte wisse, dass ich keine bestimmte Religion fördere, wenn du dort, wo du bist, glücklich bist, dann bleib dort. Ich versuche nur sicherzustellen, dass du verstehst, wie du deinen Namen im Buch des Lebens geschrieben bekommst. Wenn dein himmlischer Vater nicht glücklich ist, wo du bist, ist das zwischen dir und ihm. Ich bin nur ein Diener, der versucht, jeden zu lieben, unabhängig davon, wo sie anbeten.

Mein persönliches Zeugnis

Ich möchte ein wenig mehr von meinem Zeugnis teilen, da ich bereits am Anfang erzählt habe, wie ich mit einer sehr religiösen Mutter aufgewachsen bin. Es war eine Höllenatmosphäre zu Hause, Liebe existierte in meinem Haus nicht. Ich habe einen älteren Bruder und fünf Schwestern, und wir alle hassten uns gegenseitig. Der Schmerz, den ich als Kind durchmachte, ließ mich wünschen, ich wäre nie geboren worden. Als der Herr schließlich im Alter von 17 Jahren einen Einfluss auf mich hatte und ich Buße tat und mich taufen lassen wollte, erzählte ich es meiner Mutter, und sie nannte mich einen Idioten und sagte, ich wüsste nicht, was ich tue. Sie kam nicht zu meiner Taufe, obwohl sie es war, die mich anfangs in die Kirche gezerrt hatte. Fangen Sie gar nicht erst mit meinem Vater an, er war nur ein genetischer Spender. Er schlug uns bei jeder Gelegenheit, ob wir es verdient hatten oder nicht, und Gott helfe uns, wenn ein Nachbar sich über uns beschwerte, denn dann schlug er uns blutig vor den Augen des Nachbarn. Ich hatte kein Selbstwertgefühl, mein Notendurchschnitt als Senior in der High School war 1,67. Ich weiß nicht einmal, wie ich meinen Abschluss geschafft habe. Ich wusste nie, was Liebe war, bis ich mein Leben Gott gab. Selbst jetzt habe ich noch Probleme wegen meiner Vergangenheit, doch mein liebender Gott hat mich mit der besten und schönsten Frau der Welt gesegnet. Ich heiratete im Alter von 31 Jahren, das Warten hat sich gelohnt. Ich diente zehn Jahre in der Armee. Bitte habt kein Mitleid mit mir, es gibt viele Kinder, die es schlimmer hatten als ich. Ich bin einfach dankbar, dass der Herr nicht müde wurde, an meine Tür zu klopfen, bis ich antwortete. Der Herr hat mich benutzt, um für Kranke zu beten, und er ließ mich sogar für einen toten Mann beten, der wieder zum Leben erwachte. Ich hatte außerkörperliche Erfahrungen, Träume, Visionen usw. Ich kenne meinen Gott. Ich kam sogar an den Punkt, als ich jung im Glauben war, an dem ich mein Leben beenden wollte, weil ich das Gefühl hatte, keinen Freund zu haben. Und Gott erschien und sagte mir, dass er mein Freund sein würde. Mein Leben war seitdem nie mehr dasselbe.

Ich weiß nicht, was ich noch schreiben kann, um alle zu provozieren, mehr in der Bibel zu lesen. Ich weiß, dass es nicht einfach ist zu verstehen, aber je mehr man sie liest, desto mehr beginnt man, Gott zu verstehen. Es gab Zeiten, in denen ich die Bibel las und es schwer fand zu glauben, dass Gott solche Dinge tun würde, und je mehr ich sie studierte, desto mehr Verständnis bekam ich. Manchmal dauert es Jahre, eine Offenbarung zu erhalten, und ja, die Offenbarung kommt allein von Gott, wenn es ihm gefällt, sie dir zu offenbaren. Zum Beispiel fand ich es schwer zu glauben, welche Antwort Jesus den Jüngern gab, die zu seinem Cousin Johannes im Gefängnis geschickt wurden, in Lukas 7:19-22 über die Wunder, die er getan hatte: Blinde sehen, Lahme gehen und Aussätzige werden gereinigt und Tote werden auferweckt. Na und, Satan hat auch Macht zu heilen (Offenbarung 13:3 Und ich sah, dass einer seiner Köpfe wie zu Tode verwundet war; und seine tödliche Wunde wurde geheilt: und die ganze Welt wunderte sich über das Tier.). Ich rang jahrelang damit, bis der Herr mir die Augen öffnete: Jesus sprach nicht von einem physischen Aspekt, sondern von einer spirituellen Perspektive. Er kam, um das Verlorene zu retten (Matthäus 18:11), sein Volk hatte Augen, konnte aber nicht sehen und weil sie nicht sehen konnten, konnten sie nicht gehen. Die Reinigung der Aussätzigen bezieht sich auf die Vergebung ihrer Sünden und die geistlich Toten wurden auferweckt, und das ist etwas, was Satan nicht tun kann. Dies geht direkt zu den Schriften Jesaja 55:8 Denn meine Gedanken sind nicht eure Gedanken, noch eure Wege meine Wege, spricht der HERR. Jesaja 55:9 Denn wie der Himmel höher ist als die Erde, so sind meine Wege höher als eure Wege und meine Gedanken als eure Gedanken.

Der einzige Weg, wie wir einige der Dinge in der Bibel verstehen können, ist, wenn es Gott gefällt, uns sein Verständnis zu geben. Es ist okay, wenn man die Schriften nicht versteht, man sollte zumindest mit ihm sprechen und um Hilfe bitten. Er ist mehr als bereit zu teilen. Was es schwer macht zu verstehen, ist, wenn Menschen dich mit ihrem eigenen Verständnis füllen. Jeder hat eine Meinung, daher die zahlreichen Religionen. Etabliere ein Gebetsleben. Einer, der nicht lesen kann, kann ihn dennoch kennenlernen, rede mit ihm, so habe ich all das herausgefunden, was ich in diesem Buch geschrieben habe, indem ich mit ihm sprach und ihn fragte.

Persönlicher Dank

Ich möchte meinem Pastor Larry Thornhill, der mich pastorierte, als ich in Ft. Leonard Wood, Mo. stationiert war, einen besonderen Dank aussprechen. Er war derjenige, der mich zum Schreiben ermutigte. Ebenso möchte ich meiner besonderen Freundin Dr. Precious Taylor danken, die mich ebenfalls zum Schreiben gedrängt und mein Buch auch noch zusätzlich bearbeitet hat. Und natürlich meiner lieben Frau Reyna Guenaga, die alle Illustrationen gemacht hat.

Vielen Dank an euch alle und ich liebe euch alle,

Euer demütiger Diener,

Philip Guenaga

Bonus

Was ich Ihnen jetzt mitteilen möchte, ist meine persönliche Theorie über Dinosaurier. Ich weiß, dass viele Menschen sich fragen, wo sie in die Schöpfung und Existenz des Menschen passen. Wir können nicht leugnen, dass sie existieren, denn Museen sind voller Beweise, doch Wissenschaftler behaupten, sie seien Millionen von Jahren alt, und gemäß der Bibel existiert der Mensch erst seit 6.000 - 7.000 Jahren. Lassen Sie mich das anhand der Schriften aufschlüsseln.

Genesis 1:1 Am Anfang schuf Gott den Himmel und die Erde.

Genesis 1:2 Und die Erde war wüst und leer, und es war finster auf der Tiefe; und der Geist Gottes schwebte auf dem Wasser.

Wie Sie sehen können, wird in Genesis 1:1 von einer Schöpfung gesprochen, doch im zweiten Vers ist nichts vorhanden. Wenn ich Ihnen sage, ich habe ein Haus gebaut und Ihnen ein leeres Grundstück zeige, werden Sie mich fragen, wo das Haus ist. Dasselbe hier, wo ist die Schöpfung? Ich glaube, dass zwischen den Versen 1 und 2 etwas passiert ist. Beachten Sie auch, dass die Erde von Anfang an in Gottes Gegenwart war; erst am zweiten Schöpfungstag schob Gott die Erde aus seiner Gegenwart, indem er ein Firmament zwischen sich und der Erde schuf, siehe Gen. 1:6-8.

Wenn wir zu Hesekiel 28:11-19 gehen, lesen wir über einen gesalbten Cherub, der hinausgeworfen wurde, auch bekannt als Satan. Es wird behauptet, dass dieser Cherub, bevor er hinausgeworfen wurde, im Garten Eden wandelte (Hesekiel 28:13). Wie ist das möglich? Wir wissen, dass er nach dem Fall als Schlange dort war, aber es steht geschrieben, dass er vor dem Fall dort war. Gab es zwei Gärten Eden? Das glaube ich nicht!

Ich glaube, dass die erste Schöpfung, die Gott in Gen. 1:1 schuf, Lucifer gehörte (Lucifer sagte, er werde seinen Thron über die Sterne Gottes erheben, Jesaja 14:13), ein Thron repräsentiert ein Königreich, und dies ist die erste Schöpfung, die Gott für diesen speziellen Cherub (Lucifer) zusammen mit den Dinosauriern schuf, so wie Gott alle Tiere, die heute existieren, für Adam schuf. Doch als Schuld in ihm gefunden wurde, entfernte der Herr ihn aus dem Himmel und warf ihn hinaus, sowie zerstörte sein Königreich mit Wasser. Und ja, Noah war das zweite Mal, dass Gott die Erde mit Wasser zerstörte.

Das könnte der Grund sein, warum er (Satan) uns ständig stört, weil Gott ihn entthronte und sein Königreich zerstörte und eine neue Schöpfung für den Menschen machte, und dieses Königreich gehört jetzt dem Menschen.
Sie müssen mir nicht glauben, aber es ist nur ein Denkanstoß.

Ich hoffe und bete, dass dieses Buch Sie dazu anregt, den Herrn auf eigene Faust zu suchen. Beginnen Sie Ihre eigene Beziehung mit ihm, seien Sie originell, so wie Gott Sie gemacht hat.

Einen gesegneten Tag.

www.ingramcontent.com/pod-product-compliance
Lightning Source LLC
Chambersburg PA
CBHW041751040426
42446CB00001B/5